Évelyne Brisou-Pellen

UN SI TERRIBLE SECRET

AF177721

Rédacteur: Christiane Stéfanopoli
Illustrations: Peter Bay Alexandersen

Un si terrible secret
Maquette de la couverture: Mette Plesner
Photo: Zach Gold/Corbis/All Over Press

Rédacteurs de série:
Ulla Malmmose et Charlotte Bistrup

© RAGEOT-EDITEUR - Paris, 1997
© 2005 par EASY READERS, Copenhagen
- a subsidiary of Lindhardt og Ringhof Forlag A/S,
an Egmont company.
ISBN Danemark 978-87-23-51240-6
www.easyreaders.eu
The CEFR levels stated on the back of the book
are approximate levels.

Easy Readers

EGMONT

Imprimé au Danemark

L'auteur

Évelyne Brisou-Pellen a passé son enfance au Maroc. Puis elle est revenue en France et habite à Rennes avec sa famille.

Elle a fait des études de lettres à l'université pour enseigner le français au lycée. Mais l'éducation de ses deux fils et la passion de l'écriture l'ont poussée vers une autre carrière. Et elle est aujourd'hui auteur de romans pour les jeunes.

le visage

elle pleure

Je m'appelle Nathanaëlle Blestin, j'ai quinze ans, j'ai un frère, Armel, qui a 20 ans, des parents sympas et des grands-parents que j'adore.

Mon histoire commence le 25 décembre, le jour de Noël.

5

Le choc

Ce jour-là, je suis à la maison et je fais un gâteau au chocolat pour ma grand-tante. Tout à coup le téléphone sonne.

Mon père et mon frère regardent la télé. C'est ma mère qui répond.

10

– Allô... Oui...

Elle écoute... Son *visage* est pâle... et elle dit au téléphone:

– Nous arrivons... Oui, dans deux heures.

Elle pleure. Elle dit à mon père:

15

– C'est la police de Saint-Jean... Les policiers ont trouvé Pilou et Mamie... Morts.

C'est le choc!!!

Mon père ne comprend pas. Il demande:

– Mes parents?

20

Elle dit oui.

– Tous... tous les deux?

Elle dit oui.

– Comment? crie mon père.

– Je ne sais pas, répond ma mère. Les policiers ne comprennent pas. Allons à Saint-Jean.

25

Quand nos parents rentrent, nous apprenons que Pilou et Mamie sont morts le 24 décembre au soir à

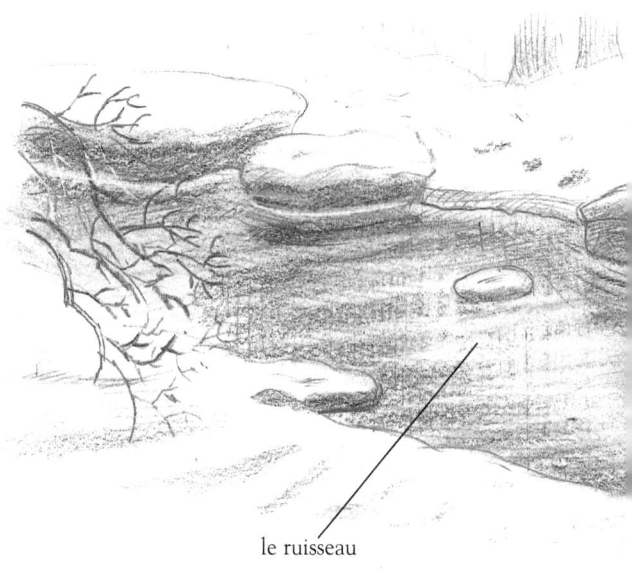

le ruisseau

cent mètres de leur maison, en pleine nuit de Noël. Ils *se sont noyés* dans le petit *ruisseau* qui n'a jamais plus de 20 centimètres d'eau. Ils sont allés dehors dans la neige, sans manteau et au milieu du repas.

5   Les policiers ne comprennent pas. Il y a *les traces de pas* de Mamie et Pilou dans la neige. Et aussi les traces de pas de Danièle, *la femme de ménage*. Ils sont sans manteau. Ils ne portent pas de marques de violence. Il

se noyer, si on ne sait pas nager et si on tombe dans la mer par exemple, on risque de se noyer
la femme de ménage, femme qui aide à nettoyer la maison

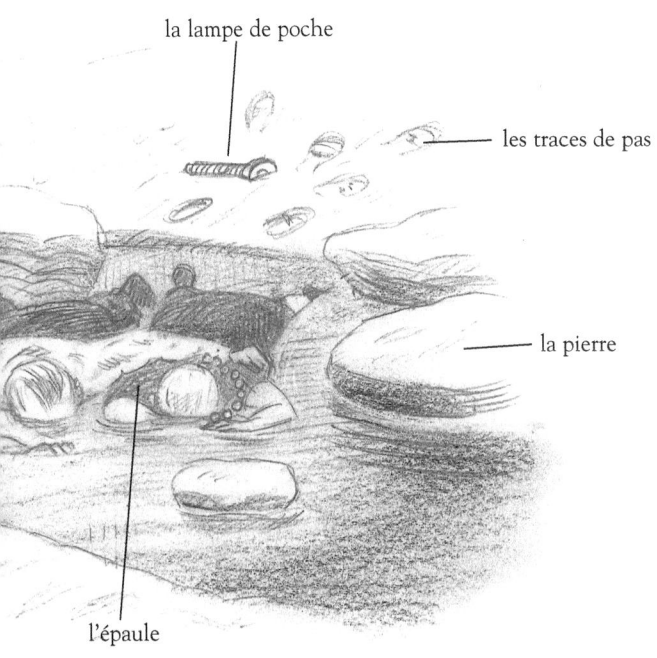

la lampe de poche

les traces de pas

la pierre

l'épaule

n'y a pas eu de *vol* dans la maison.

Les policiers parlent d'une dépression le soir de Noël, d'*un suicide*....

Mais là, mon père proteste:

– Non, non et non... Ils viennent de fêter leurs cin- 5 quante ans de mariage. Ils s'aimaient. Et de plus, nous sommes catholiques... alors, comment sont-ils morts?

---

le vol, si une personne prend le porte-monnaie d'une autre personne, c'est un vol
un suicide, une personne très déprimée peut commettre un suicide, c'est-à-dire se donner volontairement la mort

Un peu plus tard, j'entends mon père dire à ma mère:
– Je sais que mon père ne voulait pas vivre dans cette maison. Il disait qu'elle *portait malheur*.

Je n'aime pas cette phrase. La maison « portait malheur »? Pourquoi?

Les jours passent. Les semaines passent. Les policiers ne comprennent toujours pas. Mais une chose est sûre; Pilou et Mamie se sont noyés, car il y avait de l'eau dans leurs *poumons*.

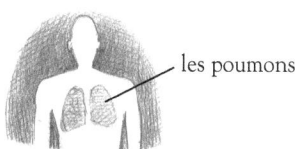

les poumons

Pas de violence, pas de vol dans la maison, uniquement leurs traces de pas dans la neige. Les traces de Danièle. Aucune autre piste.

Mes parents sont frustrés. Moi je repense à la phrase de mon père, je repense à la maison qui « portait malheur ». Pourquoi?

Le mois de mars arrive.

Mes parents veulent faire un voyage au Népal. Avec nous.

Armel dit qu'il reste à Paris. Il joue avec son groupe de jazz deux fois par semaine dans un bar en ville.

Et moi, je préfère aller à mon cours de danse.

Alors mes parents décident de partir seuls. Ils promettent de téléphoner de temps en temps le matin, entre 8 et 10 heures.

---

porter malheur, on dit qu'un chat noir porte malheur

Quand nous sommes seuls, Armel me dit:

– Bon, écoute, mon groupe de jazz a signé *un contrat* de dix jours en Italie, alors je pars.

– Et moi alors?

– Tu es presque une adulte. Si tu as peur, tu peux toujours aller chez tante Aline.

– Non, elle est ennuyeuse... Et qui va répondre au téléphone, quand les parents vont téléphoner?

– C'est facile. Fais un transfert d'appel. Donne le numéro de tante Aline au standard téléphonique et quand les parents t'appelleront ici, ça sonnera chez elle.

Je suis un peu fâchée, mais je sais que pour Armel, la musique passe avant tout.

Voilà je suis seule dans l'appartement... libre.... enfin libre! Et je décide de ne pas aller chez tante Aline.

Je pense à mes grands-parents et je pense à la maison qui « portait malheur ». Et si je trouvais de vieilles photos?

Je commence à chercher et je trouve un paquet de vieilles photos. Là ce sont mes arrière-grands-parents avec leur fille, ma grand-mère Élise. Elle doit avoir cinq ans sur cette photo.

La maison qui « portait malheur » semble vieille sur la photo. Je regarde la porte, les fenêtres de la salle à manger, des chambres et du *grenier* (j'ai mon lit là).

En vérité, c'est une maison ordinaire. Alors pourquoi est-ce que mon père a parlé de la maison qui « portait malheur » ? Est-ce qu'il y a eu un drame autrefois?

---

un contrat, document juridique, qui lie, par exemple, un employeur et un employé (contrat de travail)
le grenier, partie supérieure d'une maison sous le toit, voir ill. p. 20

Tout à coup, je décide d'aller voir la maison. Pour le téléphone, pas de problèmes. Je fais un transfert d'appel. Et l'appel de mes parents sera envoyé chez mes grands-parents.

un car

5   Je mets quelques vêtements, trois sandwichs et des biscuits dans un sac de voyage, je ferme le gaz, je ferme la porte à clé et je prends *le car*.

la main

la boîte
aux lettres

La maison aux volets bleus

Tout est fermé. La maison est *silencieuse* derrière ses volets bleus.

J'ai un peu peur. Je regarde à droite et à gauche. La maison voisine est derrière de gros arbres. La seule maison qu'on voit c'est la ferme La Grabottine au loin.

Je regarde à nouveau la façade. Pourquoi est-ce que je suis là?

Je mets *la main* dans *la boîte à lettres* et je prends la clé. J'ouvre la porte.

Il fait très froid. J'ouvre un volet. Sur la table il y a deux assiettes, un grand plat vide, une bouteille de vin ouverte, la carafe d'eau et deux bougies... C'est la table du 24 décembre. J'ai un choc. Je m'assois sur une chaise et je pleure. Oui, mes grands-parents sont morts. Morts! C'est la terrible réalité...

Un peu plus tard, je lave les assiettes, le plat vide et la carafe à l'eau froide.

Les policiers ont pris *les restes* du repas et les verres pour les analyser. Mais ils n'ont pas trouvé de *poison*! Le mystère est complet!

le poison

---

silencieux, silencieuse, sans bruit
les restes, désigne la nourriture qui reste dans les plats après le repas

11

la table de Noël

Je pense au 24 décembre: ... Pilou et Mamie sont là, à leur place habituelle. Ils ont mangé le hors-d'œuvre. Puis Pilou met la grosse fourchette dans *la dinde* quand... Quand quoi?

une dinde

Il s'arrête. Il sort avec Mamie, ils vont jusqu'au *ruis-seau* (cent mètres) et ils se noient...

Pourquoi sortent-ils au milieu du repas?
Comment peut-on se noyer dans vingt centimètres d'eau?   5
Je dois trouver la réponse.

C'est le soir. J'allume une lampe. Je mange un sand-wich et des biscuits.
Il fait très froid. Par-dessus mon pull et mon jean, je mets le gros pull de Pilou. Je regarde autour de moi dans   10
la salle à manger. Il y a *le buffet* contre le mur. Je déci-de de regarder dans *les tiroirs*. Je trouve un carnet de chèques, des stylos à bille, des porte-clés, des timbres et *le livret de famille*.

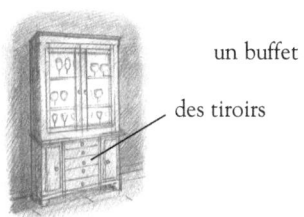

un buffet

des tiroirs

J'ouvre le livret.   15
Le 6 janvier 1944, René Blestin s'est marié avec Élise Jugan. Ils ont eu un enfant: Jean-Paul Blestin, mon père.

Je suis fatiguée. Je monte au grenier pour dormir...

---

ruisseau, voir ill. p. 6-7
le livret de famille, petit livre officiel où l'employé de mairie inscrit les mariages, les naissances, les décès des personnes d'une même famille.

Tout à coup au milieu de la nuit, il y a un bruit sourd et régulier: boum, boum, boum... *Un fantôme?*

Je ne peux plus dormir. Je pense aux films d'horreur... à la maison qui « portait malheur ». Je suis terrorisée...

un fantôme

 un soleil

Un cri

5 Le téléphone sonne! C'est Armel!
– Ça va?
– Oui, ça va.
– Bon, alors salut!
Il ne sait pas que je suis à Saint-Jean!
10 Boum, boum... Encore?
J'ai moins peur maintenant. Peut-être parce qu'il fait jour. Il y a même du *soleil.*

J'ouvre la porte. Et je vois un volet qui fait: boum... boum... Quelle idiote! Le fantôme était un volet!
15

Bon, qu'est-ce que je vais faire aujourd'hui? Parler aux voisins.
Je vais lentement vers La Grabottine. Je connais bien cette ferme. Pendant les vacances j'allais tous les soirs chercher du lait avec Mamie.
20 Je dis que je suis Nathanaëlle Blestin, la petite-fille

de la maison aux volets bleus.

Alors le fermier dit:

– ... malheur... bizarre... je ne dors plus depuis la mort de tes grands-parents...

Je demande: 5

– Vous avez entendu quelque chose, le 24 au soir?

– Oui, un cri... Mais ici, c'est normal... J'ai pensé à *une chouette* ou *un renard*... ou même aux *lutins*...

la chouette   le renard   le lutin

Je ne crois pas aux lutins. Je dis:

– C'était peut-être mon grand-père qui a crié quand 10 il a trouvé ma grand-mère dans le ruisseau?

– Une voix humaine? Peut-être. Mais alors une voix de femme!

Ma grand-mère?

– Quelle sorte de cri? 15

– Un cri terrible. Oui, terrible.

Je suis très angoissée. Ma grand-mère était une femme très calme. Alors pourquoi a-t-elle crié? De terreur?

– Elle a peut-être trouvé son mari mort, dit le fermier. 20

Je ne réponds pas. On a trouvé Pilou avec le bras autour des *épaules* de Mamie, il est tombé après.

| *les épaules*, partie du corps se trouvant sous le cou, voir ill. p. 6-7

Quand je pense à ce cri, je crois que ma grand-mère a vu ou entendu quelque chose de terrible.

Je passe le reste de la journée à faire des courses à l'épicerie, un peu de cuisine et à *fouiller* dans le bureau
5 de Pilou. Je regarde et je lis des lettres personnelles. Rien d'intéressant.

Le soir je monte au grenier pour dormir. Cette nuit-là pas de boum... boum... mais du vent et une sorte de *sifflement*... Dans le grenier. Un fantôme siffleur main-
10 tenant! Moi, j'ai peur dans cette maison!

La photo

Le matin, je veux trouver l'origine du sifflement.
Le sifflement vient du côté de la petite fenêtre. Là! Entre la fenêtre et le toit, il y a quelque chose... un morceau de carton...

15 Ce n'est pas un morceau de carton ordinaire. C'est une vieille photo.
Sur la photo, il y a un jeune homme, mince, avec un visage long. Il porte un pull court. Il rit.
Je ne connais pas ce jeune homme.
20 Mais quelqu'un *a caché* cette photo. Une fille? Certainement. Mais il y avait six filles dans la maison aux

---

fouiller, chercher
le sifflement, quand le vent souffle très fort, il peut siffler. Les personnes aussi peuvent siffler avec la bouche
cacher, mettre dans un endroit secret; avant Noël, on cache les cadeaux des enfants

volets bleus.

Alors c'était *l'amoureux* de qui?

Je vais dans le bureau de Pilou avec la photo et je regarde dans les albums... Non, le jeune homme n'est pas dans les albums! 5

Pendant que je regarde les photos, je pense à la mort de mes grands-parents.

Ces théories des policiers, une dépression, un suicide, quelles idioties, quand on connaît René et Élise Blestin. 10

Je me rappelle. L'hiver où Mamie a fait *une pneumonie*, mon grand-père est resté près d'elle jour et nuit. « Mes parents forment *un couple* exceptionnel », dit toujours mon père.

Tout à coup le téléphone sonne. Ce sont mes 15 parents. Ils appellent du Népal.

– Ça va, ma chérie? demande ma mère.

– Oui, ça va.

– Et ton cours de danse?

– Euh... Formidable, oui. 20

– Tu sais, c'était une bonne idée de partir en voyage. Ton père est moins triste... Cet après-midi, nous allons visiter les temples de Katmandou... *Bisous.*

---

l'amoureux, *l'amoureuse*, personne qui aime une autre personne
une pneumonie, infection très grave des poumons
un couple, un homme et une femme, par exemple, forment un couple
bisous, familier; expression affectueuse en fin de lettre ou de conversation téléphonique; vient de bises, petits baisers

Virgile

Je frappe à la porte de la voisine. Une vieille femme avec de grosses lunettes ouvre un peu sa porte.

– Bonjour madame, je suis Nathanaëlle Blestin, la petite-fille de la maison aux volets bleus.

5 Elle dit:

– Tu ressembles un peu à ta grand-mère.

Je demande:

– Est-ce que vous avez entendu un cri terrible la nuit du 24 décembre?

10 – Non, j'entends mal parce que je suis un peu sourde.

Je sors la photo que je cache dans mon blouson.

– Vous connaissez ce jeune homme?

Elle approche la photo de ses grosses lunettes.

– Bien sûr, c'est *ce sale type*!

15 Je suis étonnée.

– C'est quelqu'un de ma famille?

– Non, c'était l'amoureux de ta grand-mère. Ils *se rencontraient* près du ruisseau.

Ainsi ma grand-mère avait un amoureux!

20 – C'était... avant de rencontrer mon grand-père? je demande un peu *gênée*.

– Bien sûr! Elle a eu de la chance que ton grand-père se marie avec elle. Et en plus elle a fait un beau mariage!

– Un beau mariage?

25 – *Ben oui*. La famille de ton grand-père était riche! Elle possédait la plus grande *minoterie* de la région!

ce sale type, familier; méchant homme
se rencontrer, se donner rendez-vous
gêné, gênée, Nathanaëlle est embarrassée, un peu honteuse de poser cette question
ben oui, familier; bien oui
une minoterie, usine qui fabrique de la farine à partir du blé

18

Je suis un peu triste. J'aime bien le jeune homme de la photo.

– Il habitait ici?

– Non. À Saint-Léonard, comme ton grand-père.

– Mon grand-père connaissait le jeune homme de la photo? 5

– Bien sûr, ils étaient amis à l'école. Après, en 43, ils n'étaient plus amis... Je ne veux plus regarder cette photo. Ce sale type a tué mon mari.

Je suis choquée. Mamie gardait la photo *d'un assassin?* 10

– C'est drôle, dit la vieille... Tes grands-parents, ils sont morts juste à l'endroit où Virgile et Élise se donnaient rendez-vous.

Virgile! Le jeune homme s'appelait Virgile.

– Au même endroit, dit la vieille... Ah, non! Virgile 15 Delahaye est revenu! Vite, il faut appeler la police.

Le 3 août 1943

« Virgile Delahaye est revenu! » a dit la voisine. Est-ce que Virgile est vivant?

Dans la maison aux volets bleus, je pense à Pilou et à Mamie. J'ai l'impression d'avoir de nouveaux grands- 20 parents.

Comment est-ce que ma grand-mère est tombée amoureuse d'un assassin?

Est-ce que Virgile a tué Mamie et Pilou le soir de Noël? 25

| *un assassin*, une personne qui tue une autre personne est un assassin

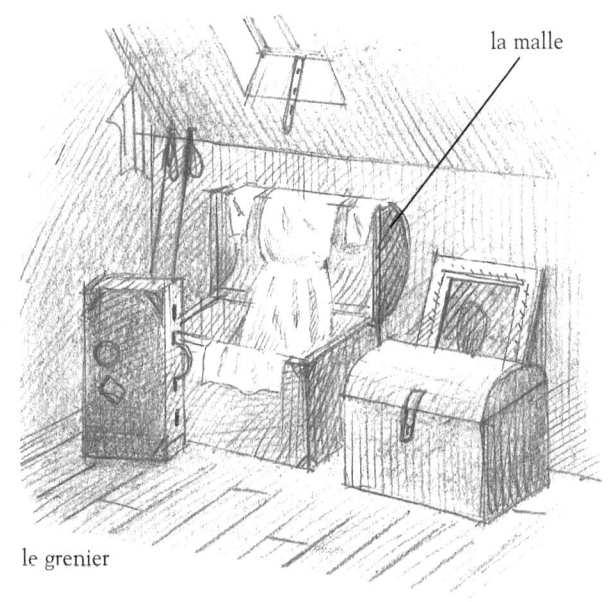

la malle

le grenier

Et si Virgile est vivant, je suis peut-être aussi en danger. Il vaut mieux que je rentre. Il y a un car à seize heures, je vais le prendre.

Je ne veux pas garder la photo. Je monte au grenier
5 pour la mettre à sa place entre la fenêtre et le toit.
Quand j'arrive dans le grenier, je pense à ma grand-mère qui habitait dans cette maison, quand elle était jeune et rencontrait Virgile. C'est peut-être pour cette raison que mon grand-père ne voulait pas habiter dans
10 la maison aux volets bleus?

Dans le grenier, il y a ce qu'on appelle « *la malle* de Mamie ». Chaque fille de la maison avait à cette époque une malle pour mettre les vêtements et les autres affaires.

J'ouvre la malle de Mamie et je sors un à un ses vête-ments de jeune fille. Ils sentent la naphtaline, ces petites boules blanches qu'on met contre *les mites*.   5
Sous les vêtements, il y a une petite valise... avec deux photos. Deux photos de groupe où il y a Virgile. Il rit.

Sur la première photo, Mamie a un sourire mer-veilleux. Il y a aussi les sœurs de ma grand-mère et ... Pilou. Il est en haut et à droite. Il ne regarde pas le pho-   10
tographe. Il ne sourit pas.
Sur la deuxième photo, Mamie sourit encore plus. Pilou regarde de l'autre côté.
Il y a une date derrière la photo: « 3 août 1943: Anni-versaire de Simone. »   15
Le 3 août 1943, mes grands-parents n'étaient pas mariés; ils n'étaient même pas fiancés puisqu'ils n'étaient pas l'un à côté de l'autre sur les photos.

Tout à coup, on sonne à la porte. J'ai un peu peur. Et si c'était Virgile?   20
Je regarde par la petite fenêtre du grenier et je vois une femme d'âge moyen, comme mes parents. Je demande:
– Vous désirez?
– Je suis Danièle, la femme de ménage.   25
Je descends.
– Tes parents sont ici?
– Euh... Ils sont à Paris.

une mite, petit insecte qui vole et mange surtout la laine des pulls ou autres vêtements

– Quelle terrible histoire ma petite Nathanaëlle! J'ai trouvé tes grands-parents dans le ruisseau. Noyés... Oh non, je ne veux plus parler du 25 décembre. Est-ce que tu vas bien?

5   – Oui, mais je veux comprendre comment ils sont morts... La vieille voisine d'à côté pense que Virgile Delahaye est revenu.

– Raymonde Lompel?

– Oui, et elle m'a dit que Virgile a tué son mari.

10   – Ah, bon! dit Danièle étonnée. J'ai entendu dire que c'étaient les Allemands qui avaient tué son mari. Quand les *résistants* ont *fait sauter* le dépôt de munitions, les Allemands ont tué dix personnes dans le village. Parmi elles, il y avait le mari de Raymonde.

15   Je suis choquée.

– Les Allemands ont tué dix personnes?

– Oui, ça arrivait à cette époque-là. Nous étions dans *la zone occupée*. D'un côté, il y avait les Allemands et *la Milice*. De l'autre côté, il y avait les résistants qui lut-
20   taient contre les Allemands et la Milice... Virgile était peut-être un milicien.

Ce Virgile! Quel sale type! Heureusement que ma grand-mère a épousé Pilou. Au moins lui, il était gentil.

25   – Je vais demander à ma mère. Elle s'appelle Simone. Elle était une amie de tes grands-parents.

---

les résistants, ici, les Français qui luttaient contre les Allemands en France pendant la seconde guerre mondiale
faire sauter, les résistants ont utilisé probablement de la dynamite pour faire sauter le dépôt de munitions
la zone libre, la France était divisée en deux parties: la zone occupée par les Allemands et la zone libre
la Milice, sorte de police française qui aidait les Allemands

la zone occupée

la zone libre

Carte de la France pendant
la seconde guerre mondiale

Quand Danièle part, je monte au grenier pour mettre les photos dans la petite valise.
Au fond de la valise il y a un vieux cahier. Je l'ouvre.
C'est le journal d'une jeune fille.

Le journal intime de Mamie

Sur la première page, je vois:

Mon journal de Jeune Fille
Élise Jugan 1943

Je lis les premières lignes.

5   14 juillet. Je suis très fâchée. C'est la fête de la Liberté dans une France qui n'est plus libre! Chez le boulanger, il n'y a plus de *farine*. *Les Boches* prennent tout. Je suis sûre que ça va en Allemagne. Nous, on peut *crever de faim*!

Je suis choquée. Ma grand-mère n'est jamais fâchée.
10   Je continue.

18 juillet. Mme Francœur pleure. Les Boches ont pris sa *vache*...

une vache

un cochon

23 juillet. Cette fois, ils ont pris *les cochons* à la Grabottine.
28 juillet. René est amoureux de moi. Mais je ne suis pas
15   amoureuse de lui. Il doit comprendre. Nous sommes trop différents...
30 juillet. Je suis heureuse. J'ai du tabac pour la fête de papa.

la farine, pour faire du pain, on utilise de la farine
les Boches, surnom donné aux Allemands en France pendant la seconde guerre mondiale
crever de faim, familier; mourir de faim

24

31 juillet. On a une lettre des cousins de Lyon. La vie n'est pas facile non plus dans la zone libre. Il y a si peu de viande, que les gens mangent des *corbeaux*.

un corbeau

2 août. Il s'appelle Virgile.

3 août. Virgile était à l'anniversaire de Simone. Il est si beau. 5
Je suis un peu folle. Je suis amoureuse d'un garçon que je connais à peine. René est fâché. Il voit que je suis amoureuse de Virgile.

6 août. Je ne pense qu'à Virgile et il ne pense qu'à moi.

10 août. Ma sœur Yvonne est jalouse de moi. Toutes les 10
filles sont amoureuses de Virgile. C'est le plus bel homme, le plus sympathique, le plus... tout. Quand je suis avec lui, tout est simple et beau. Nous allons au bord du ruisseau et... nous sommes si heureux ensemble.

17 août. J'ai rencontré l'instituteur de l'école. Les enfants 15
doivent travailler dans les champs.

9 septembre. La vie est merveilleuse. J'aime Virgile à la folie. Je crois rêver. Nous ne pouvons pas nous marier tout de suite parce que c'est *la guerre*. Je ne sais pas ce qu'il fait, mais je crois que c'est dangereux... 20

12 septembre. Virgile dit qu'il faut faire partir les Boches et que les Anglais et les Américains vont arriver bientôt.

Là je ne comprends plus. Je croyais que Virgile était milicien.

la guerre, conflit armé entre deux pays; ici, entre la France et l'Allemagne de 1939 à 1945

3 octobre. Le vieux Fily est mort. Sa famille a gardé sa *carte d'alimentation* pour avoir un peu plus à manger.

10 décembre. Il fait froid et j'ai faim, j'ai terriblement faim. Deux tranches de pain, c'est peu. Je veux manger plus et je veux me marier avec Virgile. J'aime Virgile. J'aime Virgile. J'aime Virgile...

Pendant que je lis le journal, j'ai l'impression de partager un secret avec ma grand-mère. Mais je suis un peu triste pour Pilou et même pour papa, qui a toujours parlé du grand amour entre ses parents.

17 décembre. Virgile n'est pas venu.
18 décembre. Virgile n'est pas venu.
19 décembre. Virgile n'est pas venu.
20 décembre. Virgile n'est pas venu.

La page suivante est blanche et, en bas de la page, écrit d'une main tremblante:
26 décembre. Je vais *épouser* René.

Je suis choquée. Voilà la grande histoire d'amour entre Pilou et Mamie!
Je lis à nouveau la ligne:
26 décembre. Je vais épouser René.

Que s'est-il passé entre le 22 et le 26 décembre? Est-ce que Mamie a appris que Virgile était un assassin? Est-ce que Virgile est parti? Est-ce qu'il est mort?

---

la carte d'alimentation, carte qui réglemente la distribution de pain, viande, légumes...
épouser, se marier avec

Simone

Je regarde ma montre. 16 heures 30... zut, le car est parti.

Tout à coup le téléphone sonne. C'est Danièle. Sa mère Simone veut me voir.

Je suis un peu surprise. Une dame de soixante-quinze ans qui veut voir une fille de quinze ans! Est-ce que Simone sait quelque chose sur la mort de Pilou et de Mamie?

Je vais chez Danièle.
Simone fait une tarte au citron.

– Je suis contente, dit-elle, de connaître la petite-fille d'Élise. Tu ressembles un peu à ta grand-mère, je trouve.

– Je suis contente de vous connaître aussi, dis-je poliment. J'ai vu une photo de votre anniversaire.

– Ah! Oui. En 43! C'était un bon anniversaire. René m'avait donné de la farine pour faire le gâteau d'anniversaire. Il était gentil René... Ah, c'était une époque dure. On avait des cartes d'alimentation. Chaque adulte avait 275 grammes de pain par jour ou 200 grammes de farine, 100 grammes de viande par semaine et 50 grammes de fromage. Pas de sucre, pas de café.

– Maman, dit Danièle, ça n'intéresse plus les jeunes.

– Si, ça m'intéresse dis-je.

– Bien, dit Simone. Il y avait aussi le marché noir. On n'avait pas besoin de carte d'alimentation pour acheter, mais tout était très cher. Mais René n'était pas comme ça. Il allait avec sa mère voir les familles très pauvres et ils donnaient la farine gratuitement. Sa mère, c'était une gentille femme...

– Noublie pas, maman, dit Danièle, que tu veux parler de Virgile à Nathanaëlle.

Mon cœur s'arrête.

– Tu vois, dit Simone, Virgile était un type formi-
5 dable et toutes les filles étaient amoureuses de lui.

– Eh eh... dit Danièle, toi aussi, maman?

– Oui, moi aussi. Il était beau, gai...

– Et lui était amoureux de toi? demande Danièle.

– Lui, il ne regardait que...

10 Je continue.

– Il ne regardait qu'Élise, ma grand-mère?

– Comment tu sais ça, demande Simone?

Je ne réponds pas. Je dis:

– Est-ce que Virgile a tué le mari de Raymonde?

15 – Oui et non. Tu vois, Virgile était dans la Résistance. C'est lui qui a fait sauter le dépôt de munitions des
Allemands. Ensuite les Boches ont tué dix personnes
dans le village. C'est comme ça que le mari de Raymonde est mort.

20 Je suis heureuse pour Virgile et pour ma grand-mère:
son amoureux n'était pas un assassin!

– Mais alors, où est Virgile?

– Je ne sais pas. C'est bizarre. Le père de Virgile a dit
qu'il est parti en Amérique... Moi, je ne comprends pas.
25 Entre Virgile et Élise, c'était le grand amour. Virgile
disparaît et quinze jours plus tard, Élise se marie avec
René.

– Le père de Virgile est vivant?

– M. Delahaye? Non. Il est mort après la guerre. De
30 *colère* peut-être. Il était chef de la Milice, il était pour

---

la colère, on est en colère, quand on est très fâché

28

les Allemands et son fils… était dans la Résistance…
Mais Mme Delahaye est vivante. Elle est dans *la maison
de retraite* du village.

– Mme Delahaye? La mère de Virgile?

– Oui, elle a presque cent ans, maintenant. Va la voir.

Le fils de Virgile

Je ne peux pas aller voir la mère de Virgile aujour-
d'hui, car il est trop tard.

Je rentre donc à la maison aux volets bleus. Je prends
le journal de Mamie et je relis les passages où Mamie
parle de Virgile.

Tout à coup, je vois que j'ai sauté deux pages. Les
pages du 11 au 15 décembre.

Je lis.

11 décembre. J'ai mal au cœur.

12 décembre. René vient avec de la farine. Quand je vois
sa bicyclette, je reste dans ma chambre.

13 décembre. J'ai très mal au cœur. Je suis un peu
inquiète.

14 décembre. Je vomis et il y a d'autres signes.

Je m'arrête de lire. Mamie attendait un enfant!
Mamie était enceinte!!! Enceinte de Virgile!

Voyons! Enceinte d'un mois ou deux en décembre.
Cet enfant devait naître vers…. juillet-août 44.

Je suis choquée. C'est mon père. Il est né le 4 août
1944. Mon père est le fils de Virgile. Il n'est pas le fils
de Pilou.

la maison de retraite, maison où les vieilles personnes passent la fin de
leur vie

Je continue à lire.

15 décembre. Virgile est très heureux d'avoir un enfant. Ça complique un peu la situation. Virgile m'a demandé de garder le secret. Il doit faire quelque chose d'important
5 demain. Et il vient après-demain pour parler à mes parents. Pour demander ma main.

Je tourne la page du cahier.

17 décembre. Virgile n'est pas venu.

Je comprends maintenant la phrase mystérieuse de
10 Raymonde. « Elle a eu de la chance que ton grand-père se marie avec elle ». Raymonde savait.

Et mon père ? Je ne peux pas lui dire qu'il n'est pas le fils de Pilou. Il aimait tellement son père. Ça, c'est une catastrophe.

Les photos

15 C'est le matin. Je pense à toute cette histoire pendant que je prends le petit déjeuner.

Je comprends le drame de Mamie. Elle épouse un homme qu'elle n'aime pas pour donner un père à son enfant. Je comprends pourquoi elle a du respect pour
20 Pilou. Il est fantastique. Il savait que ce n'était pas son fils. Et il a été un père exemplaire selon papa.

Mais en même temps, je suis triste pour Pilou. Il a épousé une femme qui n'était pas amoureuse de lui.

Je monte au grenier pour revoir les photos de grou-
25 pe, celles de l'anniversaire de Simone.

Je relis la date: « 3 août 1943. »

Élise était amoureuse de Virgile, c'est pourquoi elle a ce sourire merveilleux. Et Virgile rit parce qu'il est amoureux d'Élise. Pilou au contraire ne rit pas.

Sur la première photo, Pilou ne regarde pas le photographe. Il regarde Élise. 5

Sur la deuxième photo, il regarde Virgile.

Toute leur histoire est dans ces deux photos: Pilou aime Élise qui aime Virgile.

À dix heures et demie, je vais faire une visite à Mme 10 Delahaye, la mère de Virgile.

Mme Delahaye est une très gentille vieille dame, aux cheveux blancs.

Je ne dis pas mon nom. Je dis que je dois parler de la Résistance dans ma classe et que quelqu'un m'a donné le nom de Virgile.

– Moi, je peux vous raconter des choses sur la guerre, mais rien sur la Résistance.

– Virgile faisait partie de la Résistance.

– Virgile faisait ce qu'il voulait.

Son ton est sec. J'insiste.

– Où est Virgile aujourd'hui? Je peux peut-être l'interroger.

– Virgile? Il est parti en Amérique. Il n'a plus donné de nouvelles... Il était fâché avec son père... Vous savez, c'était une époque terrible... Virgile, il était copain avec les communistes et mon mari était chef de la Milice. Alors ils ne se parlaient plus.

Et elle prend une photo. Il y avait des hommes habillés en noir avec un grand *béret* noir.

– Mon mari est ici, dit Mme Delahaye.

Je regarde. ET J'AI UN CHOC.

À côté de M. Delahaye, il y a une personne que je connais bien. C'est Pilou, en uniforme de milicien.

Ça me donne envie de pleurer. Je demande avec difficulté:

– C'est... ?

– C'est René Blestin. Un gentil garçon. Vous le connaissez?

– C'est mon grand-père.

Et je réalise à cet instant que Pilou n'est pas mon grand-père. Virgile est mon vrai grand-père et cette vieille dame est mon arrière-grand-mère.

Elle me regarde, tout à coup, avec attention.

un béret, chapeau plat; les Basques portent de grands bérets

À ce moment, une infirmière arrive et annonce que c'est l'heure du repas. On mange tôt dans les maisons de retraite...

Je sors.

– Mademoiselle! appelle l'infirmière.

Je m'arrête.

– Mme Delahaye désire vous revoir cet après-midi.

Mon arrière-grand-mère désire me revoir!!

Une histoire terrible

Je vais à la maison de retraite. La vieille dame est très heureuse de me revoir. Elle me regarde avec attention.

– Ainsi, vous êtes la petite-fille de René et d'Élise... Quelle triste histoire, ma pauvre petite! Est-ce qu'on sait pourquoi ils sont morts?

– Non. Les policiers ont des théories stupides, dépression, suicide. Nous ne croyons pas à ces théories... Peut-être à une vieille histoire...

La vieille dame semble fâchée.

– C'est pour cela que vous êtes venue me parler de Virgile?

Et elle commence à pleurer.

C'est terrible de voir une vieille dame pleurer. Je ne sais pas quoi faire. Peut-être appeler l'infirmière. Mais elle prend ma main et dit:

– Virgile est mort.

Je suis paralysée. Je *murmure*:

– Il y a longtemps?

– Oui.

| *murmurer*, parler à voix très basse

– En Amérique?

– Non.

– C'est mon mari qui a dit qu'il était en Amérique...
Mon Virgile... Mon petit garçon... Oh, mon Dieu... Il
est mort le 17 décembre 1943.

Le 17 décembre! « Virgile n'est pas venu. »

– Comment est-il mort?

– Les Allemands ont arrêté Virgile. Ils ont torturé
mon petit garçon et ils l'ont tué. Oh, mon Dieu! Oh,
mon Dieu!

Elle pleure... Elle continue:

– Mon mari est devenu malade, à moitié fou et il est
mort... Votre grand-père a quitté la Milice. Et il a fait
quelque chose de bien: il s'est marié avec votre grand-
mère.

J'hésite. Je dis:

– Madame, vous saviez que...

Elle a un petit sourire.

– Vous voulez parler de votre grand-mère... et de
Virgile?

– Oui.

– Comment savez-vous cela?

Je ne réponds pas.

– Est-ce que Virgile voulait épouser ma grand-mère?

– Oh oui! dit lentement la vieille dame. C'était le
grand amour!

– Et ma grand-mère, elle a su... que Virgile était
mort?

– Oui. J'ai parlé avec elle en secret... et quelques
jours plus tard, elle s'est mariée avec René. Il savait.

– Vous voulez dire... pour le bébé aussi?

– Mon Dieu! Vous savez? Et les autres... savent aussi?

– Non, je suis seule à connaître le secret. J'ai lu le

journal intime de ma grand-mère.

– Oui. René savait qu'elle était enceinte. C'était un gentil garçon. Il a épousé Élise et s'est occupé de l'enfant de son ami d'enfance comme un père.

Ah, c'est mieux. Pilou a fait quelque chose de bien! 5

– Merci, Mme Delahaye. Je dois partir maintenant.

Elle prend mon bras.

– Tu ressembles à ton grand-père!

Je comprends qu'elle ne parle pas de Pilou. Elle parle de Virgile. 10

– Voilà pourquoi je voulais te revoir. Tu me ressembles aussi un peu, je crois. Mais personne ne doit savoir, n'est-ce pas?

J'embrasse mon arrière-grand-mère. Je suis fière d'elle.

– Tu es une gentille petite, dit-elle. Je suis heureuse 15 de te connaître. C'est notre secret, n'est-ce pas?

Je réponds sérieusement:

– C'est notre secret.

Je rentre à la maison aux volets bleus. Si Virgile est mort le 17 décembre 1943, alors il n'a pas pu tuer Pilou 20 et Mamie.

L'Allemand

Voilà je pars. J'ai fermé les volets bleus. Je prépare mon sac de voyage. La porte est ouverte pour avoir de la lumière dans la maison.

Tout à coup un vieil homme se tient devant la porte 25 et demande avec un accent allemand:

– C'est la maison d'Élise Jugan?

Moi, j'ai un peu peur. Mais l'homme n'entre pas. Il

semble fatigué. Il demande:

– Élise Jugan n'est pas là?

– Non.

– Oh, c'est... ennuyeux. Vous êtes de sa famille?

– Je suis sa petite-fille. 5

– Ah! Elle s'est mariée... Elle habite ici?

– Oui.

– Où je peux la trouver?

Je dis.

– Mes grands-parents sont morts tous les deux. 10

Il est choqué.

– C'est tragique pour moi, dit-il.

Là je ne comprends pas.

– Vous connaissiez Élise Jugan?

– Non, pas du tout... mais je voulais lui dire que je 15
regrettais pour Virgile Delahaye.

Je suis stupéfaite. Je fais signe d'entrer.

– Je voulais parler à Élise Jugan... Mais je peux aussi
parler à quelqu'un de sa famille... Je suis Allemand et
pendant la guerre j'étais à Saint-Léonard. Et là, il y a eu 20
des choses terribles... J'obéissais aux ordres... C'est moi
qui ai torturé Virgile Delahaye. Il était très courageux
et... il est mort.

– Je vous en prie. Je ne veux pas entendre ces his-
toires de torture. Comment savez-vous que Virgile 25
connaissait Élise Jugan?

Il sort une photo de sa poche. C'est ma grand-mère
quand elle était jeune. Au dos de la photo il y a:

« Élise Jugan, La Bétinais. Saint-Jean. »

| *regretter*, avoir des regrets; être triste d'avoir fait une action

37

La Bétinais, c'est le nom de la maison aux volets bleus.

– Cette photo était dans la poche de Virgile Delahaye. Je voulais donner la photo à votre grand-mère et
5 lui dire qui *a dénoncé* Virgile Delahaye.

– Qui a dénoncé Virgile?

– Oui. Virgile Delahaye a fait sauter le dépôt de munitions et le soir même nous avons exécuté dix personnes. Alors quelqu'un est venu nous voir et nous a
10 donné son nom.

Je suis furieuse. Je suis sûre que c'est Raymonde Lompel qui a dénoncé Virgile.

– Remarquez, dit l'Allemand. Cette personne est revenue le lendemain et a dit que ce n'était pas vrai.
15 Que Virgile Delahaye n'avait pas fait sauter le dépôt de munitions. Que c'était par jalousie... Mais c'était trop tard. Et nous savions que Virgile Delahaye était un résistant.

– Heureusement que ma grand-mère n'a pas enten-
20 du cette histoire.

– Je n'ai pas eu le temps de finir, elle a *raccroché*.

Je suis stupéfaite.

– ... raccroché quoi?

– Le téléphone. J'ai juste eu le temps de dire le nom
25 de celui qui a dénoncé Virgile... Blestin.. et elle a raccroché.

C'EST LE CHOC! NON, PAS PILOU!!!

– Qu'est-ce que vous avez dit?

– L'homme qui a dénoncé Virgile, je le connaissais
30 bien, c'était un milicien. René Blestin.

dénoncer quelqu'un, donner le nom d'une personne qui a fait quelque chose de mal à la police ou ici aux Allemands
raccrocher, remettre le téléphone sur son support après le dialogue

38

Je tremble.

– Vous avez dit ça à ma grand-mère au téléphone?

– Oui. La nuit de Noël. Vous comprenez, je suis très malade et seul... Je vais bientôt mourir et je voulais parler avec elle... lui dire combien je regrettais ce que j'ai 5 fait.

J'ai envie de vomir...

– Excusez-moi, monsieur, partez s'il vous plaît. Maintenant.

Il part. 10

Je vais à la salle de bains et JE VOMIS.

Pourquoi est-ce que je n'ai pas quitté la maison plus tôt? Pourquoi est-ce que j'ai rencontré cet Allemand? Maintenant je comprends pourquoi Pilou était si gentil 15 avec sa femme, pourquoi il était si gentil avec son fils: IL LEUR DEVAIT ÇA!

Je prends la veste en laine bleue de Mamie et je *m'allonge* sur le sofa du salon... Je pleure et j'entends le 20 cri de Mamie. Ce cri terrible!

Je pense au 24 décembre:

Le téléphone sonne. Le téléphone, c'est dangereux. C'est un homme qui appelle parce qu'il est vieux, malade et seul... Il regrette ce qu'il a fait pendant la 25 guerre à Saint-Léonard.

Mamie *décroche*. Elle entend les mots... le nom Blestin. Sa main tremble. Elle raccroche. Elle sort et elle crie, ce cri terrible.

Elle va jusqu'au ruisseau. Elle tombe, la tête contre 30

s'allonger, s'installer
décrocher, prendre le téléphone pour répondre

39

une pierre. Son visage reste dans l'eau.

Est-ce que son mari comprend que le grand malheur est arrivé? Que sa femme sait?

Il prend une lampe électrique et part à la recherche d'Élise.

Il la trouve dans le ruisseau. Elle ne bouge plus. Alors il s'allonge près d'elle et pleure.

Il lui dit: « Pardonne-moi. Pardonne-moi. »

Il entoure ses épaules de son bras et met son visage dans l'eau.

Je monte au grenier. Je prends le journal de Mamie.

Je vais au ruisseau. Je m'assois sur les pierres. Je *déchire toutes les pages* et je jette les morceaux dans l'eau.

C'est fini. J'ai trouvé pourquoi Mamie et Pilou sont morts le 24 décembre au soir. À cause du terrible secret de Pilou. À cause du vieil Allemand.

Le secret est là, caché au fond de mon cœur. Je le protège du monde, je protège le monde contre lui. Je me sens forte. Comme *un rempart*. Je suis un rempart.

Je vais prendre le car de seize heures.

---

un rempart, autrefois, un mur qui entourait une ville pour la protéger; ici, Nathanaëlle est le mur qui protège le secret

elle déchire toutes les pages

Questions de compréhension

1. Décrivez Nathanaëlle et sa famille.
2. Pilou et Mamie meurent le 24 décembre. Qu'est-ce qu'on sait sur leur mort?
3. Quelle est l'hypothèse de la police?
4. Le père de Nathanaëlle ne peut accepter cette hypothèse. Pourquoi?
5. La maison des grands-parents « portait malheur ». À votre avis, qu'est-ce qui a pu se passer dans cette maison?
6. Deux personnes ne vont pas au Népal. Qui et pourquoi?
7. Nathanaëlle prend une décision. Laquelle?
8. Décrivez la maison qui « portait malheur ». L'extérieur et l'intérieur.
9. Selon vous, pourquoi est-ce que la vaisselle n'a pas été lavée et rangée?
10. Quels sont les sentiments de la jeune fille quand elle arrive à la maison et quand elle est à l'intérieur?
11. Elle fouille dans les tiroirs du buffet et trouve différentes choses. Lesquelles?
12. Dort-elle bien pendant la nuit?
13. Nathanaëlle parle avec le fermier de la Grabottine. Qu'est-ce qu'elle apprend?
14. Est-ce que la grand-mère de Nathanaëlle a trouvé son mari mort?
15. D'où vient le sifflement?
16. Qui est photographié?
17. Quelle sorte de couple formaient Mamie et Pilou, selon leur fils?
18. Nathanaëlle parle avec la voisine. Qu'est-ce qu'elle apprend sur le jeune homme de la photo? Et sur sa

grand-mère Élise?

19. Quelles sont les pensées de Nathanaëlle?
20. Qu'est-ce que Nathanaëlle trouve dans la malle de Mamie?
21. Décrivez les deux photos.
22. Nathanaëlle parle avec Danièle. Qui est Danièle et que dit-elle?
23. Que faisaient les résistants pendant la seconde guerre mondiale?
24. Que faisaient les miliciens?
25. Danièle pense que Virgile était peut-être un milicien. Pourquoi?
26. Nathanaëlle trouve le journal intime de sa grand-mère. Quelle était la situation des Français dans la zone occupée? Et dans la zone libre?
27. Quelles étaient les relations entre Élise, Virgile et René (Pilou)?
28. Virgile n'est pas venu au rendez-vous les 17, 18, 19 et 20 décembre. À votre avis, pourquoi?
29. Que pensez-vous de la décision d'Élise Jugan le 26 décembre?
30. Qui est Simone? Qu'est-ce qu'elle dit sur René et sa mère?
31. Qu'est-ce que Simone dit sur Virgile et sa mère?
32. Nathanaëlle a sauté deux pages du journal intime. Qu'est-ce qu'elle apprend quand elle lit ces deux pages?
33. Est-ce que le père de Nathanaëlle doit apprendre la vérité?
34. Qu'est-ce que Nathanaëlle pense de son grand-père Pilou?
35. Qu'est-ce que les deux photos montrent?
36. Nathanaëlle va voir Mme Delahaye. Quelle est la

première histoire que Mme Delahaye raconte?

37. Mme Delahaye montre une photo à Nathanaëlle. Pourquoi est-ce que la jeune fille a un choc?

38. Mme Delahaye veut revoir Nathanaëlle. À votre avis, pourquoi?

39. Qu'est-ce qui est arrivé à Virgile?

40. Qu'est-ce que Mme Delahaye et Nathanaëlle pensent de René Blestin (Pilou)?

41. Quels sentiments naissent entre Mme Delahaye et Nathanaëlle?

42. Un vieil Allemand arrive pour parler avec Élise Jugan. Il la connaissait?

43. Il parle de la seconde guerre mondiale. Où était-il et qu'a-t-il fait?

44. Que s'est-il passé le 24 décembre au soir?

45. Quels étaient les sentiments de Mamie quand elle a appris la vérité? Et de Pilou quand il a trouvé sa femme morte?

46. Quels sont maintenant les sentiments de Nathanaëlle pour Pilou, Mamie, Virgile et Mme Delahaye?

47. À votre avis, comment a été la vie de Pilou? Et de Mamie?

48. Qu'est-ce que Nathanaëlle fait pour garder le secret?

49. Qu'est-ce que vous pensez de cette histoire?

Activités

1. Faites des groupes de travail et écrivez une bonne recette de gâteau au chocolat.

2. Noël
   En France, le 24 décembre, on fête le réveillon de Noël. Beaucoup de Français vont à l'église à minuit. Le 25 décembre, les enfants trouvent les cadeaux au pied du sapin de Noël et le grand repas de famille a lieu à 13 heures.

   Racontez comment on fête Noël dans votre pays. Ou si vous ne fêtez pas Noël, racontez la fête traditionnelle de votre pays pour la nouvelle année.

   Vous désirez faire une jolie table pour Noël ou pour la nouvelle année. Qu'est-ce que vous mettez sur la table?

   Vous vous souvenez de votre plus beau Noël. Racontez.

3. D'après les statistiques, un certain nombre de vieilles personnes se suicident.
   Pouvez-vous donner les raisons éventuelles de ces suicides?

4. Les parents de Nathanaëlle partent en vacances au Népal.
   Qu'est-ce que vous savez sur le Népal?
   la géographie:
   la population:
   la religion:

Vous partez en vacances dans un pays étranger.
Quel pays choisissez-vous et pourquoi?

Qu'est-ce que vous mettez dans votre sac de voyage
ou dans votre valise?

5. Nathanaëlle trouve la clé de la maison dans la boîte
    aux lettres.
    Qu'est-ce qu'on peut dire sur la vie à la campagne à
    Saint-Jean?

    Est-ce que c'est la même situation là où vous habitez?

6. Nathanaëlle a peur d'un fantôme qui fait boum...
    boum et d'un fantôme siffleur.
    Connaissez-vous une histoire de fantôme? Si oui,
    faites un dessin et racontez l'histoire à votre voisin/
    voisine de table.

7. Projet sur la seconde guerre mondiale 1939-1945.

    Essayez de répondre aux questions suivantes.
    La France a déclaré la guerre à l'Allemagne. Quand?

    L'Allemagne a gagné et a partagé la France en deux
    zones. Quelles zones (voir carte p. 23)?

    D'après le journal intime d'Élise Jugan, quels étaient
    les problèmes de la population française dans la
    zone occupée? Et dans la zone libre?

D'après Simone, quelle était la ration alimentaire?
Que faisaient les résistants? Que faisaient les miliciens?

Les Alliés ont débarqué en Normandie et dans le sud de la France en 1944. Qui étaient les Alliés?

8. Élise Jugan est tombée enceinte en décembre 1943. Virgile Delahaye est mort avant de pouvoir se marier avec elle.
   Essayez d'imaginer les conséquences de cette situation pour une jeune fille à cette époque-là.

9. Faites des groupes et discutez:
   René Blestin (Pilou) est-il un assassin?
   Élise Jugan est-elle une victime?
   Comparez les arguments et les conclusions des différents groupes et donnez une conclusion finale.

Trouvez d'autres activités sur
www.easyreaders.eu

EASY READERS *Danemark*
ERNST KLETT SPRACHEN *Allemagne*
ARCOBALENO *Espagne*
LIBER *Suède*
EMC CORP. *États-Unis*
PRACTICUM EDUCATIEF BV. *Hollande*
EUROPEAN SCHOOLBOOKS PUBLISHING LTD. *Royaume-Uni*
ALLECTO LTD. *Estonie*

TITRES DÉJÀ PARUS :